Nipimanitu

(L'esprit de l'eau)

Trente exemplaires de cet ouvrage
ont été numérotés et signés par l'auteur.

Éditions Prise de parole
205-109, rue Elm
Sudbury (Ontario)
Canada P3C 1T4
www.prisedeparole.ca

Nous remercions le gouvernement du Canada, le Conseil des arts du Canada, le Conseil des arts de l'Ontario et la Ville du Grand Sudbury de leur appui financier.

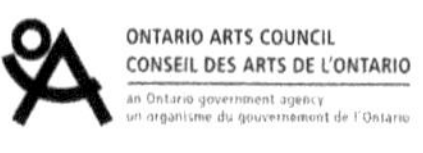

Pierrot Ross-Tremblay

Nipimanitu

(L'esprit de l'eau)

Poésie

Éditions Prise de parole
Sudbury 2018

Œuvre en première de couverture
et conception de la première de couverture: Olivier Lasser

Accompagnement: Thierry Dimanche
Révision linguistique: denise truax
Infographie: Maude Bourassa Francoeur et Camille Contré
Correction d'épreuves: Maude Bourassa Francoeur, Camille Contré
et Chloé Leduc-Bélanger

Diffusion au Canada : Dimedia

Catalogage avant publication de Bibliothèque et Archives Canada
Ross-Tremblay, Pierrot, 1977-, auteur
Nipimanitu (l'esprit de l'eau)/Pierrot Ross-Tremblay.
(Poésie)
Publié en formats imprimé(s) et électronique(s).
ISBN 978-2-89744-095-4 (couverture souple).
– ISBN 978-2-89744-104-3 (PDF).
– ISBN 978-2-89423-097-8 (EPUB)
I. Titre.
PS8635.O714N57 2018 C841'.6 C2018-901961-1
C2018-901962-X

Réimpression 2018

Partie I
Les nectars

Les nectars I

Aux chemins sinueux
Habile carrosse
Porté par des chars immobiles

Guéri par tous les cieux

Boule vivante
Verts lieux infinis
Espace des temps impossibles
À conquérir

Astres opulents
Galaxie, venir au monde
Marche muette

Gloire à l'ouïe

Vivre à jamais
Vainqueur des cirrus
Ô ! soleil de toutes les grâces
Maitre des printemps
Sourire multitudes sphère des dons
Baie accueillante et calme
Je vois nos ombres
Briller à l'abime

Pâturage en nouveau-né
Clairière
Purs baisers d’amour
Feu crépitant
Des fontes

Fruits débordant d’ambition
La saison approche
Où nous gouterons
Les nectars

2 octobre 2010

Adorations
(À Nawel)

Sainte tendresse
Mère nourrice
Aux affectueuses douceurs

Caresses offertes
Aux visages ombragés
Le cœur ému d'apprendre à être

Miels délectables
S'évadant des fleurs en lampées
La patience et l'amour réunis
Portent ta potion aux enfants éphémères

Et la lune le soleil et la terre
Seuls connaissent ton secret
D'adorer sans contraindre

6 octobre 2010

Les confluences I
– Immanents festins

(À nimushum Paun Rus Sr)

De ce territoire
Où nul n'a franchi la rivière
Les parois rocheuses
Élevées en murs inouïs
Gardent une vallée claire

Vivifiante lueur

Et si nous étions
Héros du jour
Face à la lumière
Qui nous inonde
Jusqu'à nous faire adorer
La fraicheur de nos ombres

La grande chute
Fait entendre ses fracas
Et nos corps qui voguent paisibles
Ne savent plus oublier leur route

Que serons-nous
Par-delà ce tumulte ?

Des chants de joie
Ruissèlent des fosses
Unité tragique
En fleurs promises aux monarques
Fécondant de passion
D'amour en amour

Des fruits exquis

Quel cœur entier qui s'offre
Pour générer la confluence
Pour que ce ridant devienne la mer
Et que nous soyons sevrés de nos deuils

Ascendance
Fortune inédite
De lire les signes
Savoir que rien ne nous éloigne

Que tout nous unit

∻

Que la douleur résonne intégrale
Et que ses poussières
Blessent nos yeux naissants

En vain l'oubli
Feindre de ne pas avoir vu
Simulacre de rupture
Avec les sons et leurs sens

À en perdre les horizons

Opaque absence
Amnésie du besoin
Avalé par l'exil

Nutshimit

Guérisseur de la honte
Eau limpide du devenir
Capable d'abreuver
Le fœtus

Sacre du monde
Denses liens
La mère porte nos pas sur son cœur

Frères esseulés sur l'ile
Du destin de l'un

Où mènerons-nous notre canot ?
Portons ces voyageurs passagers
Aux bras du grand souhait

Immanents festins

5 mai 2011

Au cœur

Inaudible spectre

Fantôme aux pas enfouis
Seigneur de l'illustre vallée

Candide étreinte prophétique
Au sens défunt garde ta valeur

Sur le rocher à la pénombre
Le soupir libéré abreuve la plaine

Du gout de vivre

5 septembre 2011

La grande émeute I

L'œil épuré
Conçoit le ciel

L'espérance
Aspire l'âme
Au tourbillon

L'esprit libéré

Terre d'exaltation
Jungle bijou
Sahara de franchise
Le monde a fleuri

Écho du dedans
Nourrice des béatitudes
L'effondrement
Honore le règne du sourire

Essipit, 29 janvier 2012

Le ciel entier
(À Nawel)

Mélodieuse
Cueillie saine et vraie
À la sépulture des dieux
Et du vacarme

Le cœur brillant
La main de baume
Aux naissances déchues

Elle au parfum doré
Effluve de miels fleuris
De pâturages où dansent libérés
Chevaux majesté

Aux plaines de l'oubli

Terre et soleil
Pour étreinte adorable
Ses lèvres posées
À chérir les spectres

La parole franche
Clame aux étoiles
Le temps dévoré

Le ciel seul entier
Se rappelle nos amours

9 février 2012

Esh Shipu I – Sincères visages – Les cendres fertiles

(À Ti-Paul Ross)

Entends-tu ami
Les grands vents
Souffler dans la nuit ?

La lune semble honteuse
Cachée timide
Loin de la mer

Sourde brisure
Qui porte le poids des jours
Ni début ni fin
En un désert invisible

Seules les voix juvéniles
Embaument le chagrin
Précipice intérieur

Les ruisseaux moroses
S'accouplent en fleuve
Notre attente réside crépitante
Dans l'affection du legs

Notre canot avance
Caresse au lac délectable
À l'horizon
De notre fin brulante

Arriverons-nous enfin
Héritiers de l'oubli
Sur une rive apaisante
Au bout d'une mer de silence ?

Notre mal est sans visage
Notre peine sans nom
La langue coupée
Nous brulons

Les cendres sont-elles fertiles ?

Les sourires retenus
Fanent la vie
La confiance devient faiblesse
Le cœur n'est plus trésor
L'humaine échine s'arque
L'ombre confondue
Avec de ténébreuses aurores

Nous avançons
Poussées de racines
Bourgeons libérés
Des jougs

Cette danse finale
Qui nous éreinte
Ce sont nos pieds en étoile
L'intime triomphant
Des calvaires des cités
Des versets mélancoliques

Un chant ultime
Que nous n'inventons pas

Le ciel est si beau
Sur le lac
Torrent de clarté
Honorant de sincères visages

24 février 2012 (1)

Héros
(À Maikan)

Au temps des ténèbres
Conscience brasier
Notre amour sincère
Est ce bras impérieux
Apte à déchoir
Le magistral despote

Le regard franc écache le mirage
Ce cœur est émeute
Probe légion
Notre soif de grâce
S'épanche à la dignité de tous

Nous ne baisserons pas le front
Au risque de périr de la honte
D'avoir offert aux césars
Les perles de notre honneur

Ces lueurs scintillantes
Au fond des yeux d'enfants
Sont les diamants de notre guerre
Ces sourires notre dodem

Ceux qui ont été nous entendent
La mémoire est complète
Et ceux qui viennent nous regardent
Impitoyables, les griffes acérées

Prêts à larguer nos amarres fourbes

Allons, émissaires de candeur
Portager la parole des muets aux sourds

24 février 2012 (2)

Amours I

Les cendres au regard
N'entravent en rien le dessein adoré
Le brasier s'alimente des bourrasques

L'esprit agitateur se déploie
Châtiment des paroles courageuses
Du don généreux spolié

L'amour de la vérité
Éclaire illustre météore
Les humaines nues

Justes contrées de lilas
Horizon scintillant de promesses
Et les vents adverses
Enfantent devant lui ce lieu

Qu'il sait possible

4 mai 2012

Les confluences II
– Immanents nectars – Nipimanitu
(À Jean Royer)

Noces de plumes
Bleutées d'argent
Armes jointes

Au règne du cœur

Amants fidèles
Au clair d'une lune entière
Nos ébats sont des feux
Prières d'enfants torrents de rire
Miroir des saintes tendresses

Parcours indécis des affluents
Entre les sables et les roches
Le lichen et les nouvelles pousses
Les effluves du jour s'amoncèlent
Se marient et s'unissent

Duplication et multitude
Le rythme naissant croît
Et se meut la soif plénière
L'appel est lancé

Nipimanitu

Dorénavant le sillon est mémoire
Et la vue ineffable
Au ton harmonieux
S'ébat volontaire en fracas

Silence et oubli
Miroirs orgiaques d'émergence
Deviennent destinée
Rayons plombant au vol diffus

Il est des rencontres certaines
Des vérités sombres qui croissent
Sous l'effort de l'œil mutilé

Tortue fuyante à l'ouverture famélique
Elle connait la résonance des attaques

L'esprit inséparable du monde
Sait de l'intérieur
Tendre et vulnérable
Que l'attente est parfois déçue

Que l'oiseau fabuleux
Arborant présage d'amour fidèle
Si beau posé à la fenêtre
Partira à l'assaut
De la moindre caresse

Soupirs sanglots nostalgie
Même la colère est lavée
Par ce chant invariable

Indocile voix
Cataclysme vibrante évocation
Du souhait splendide

Pas de retour nous resterons
Camarades, héritiers féconds
D'immanents nectars

21 mai 2012

La grande émeute II – Éveils

(À la mémoire de feu nimushum
William Commanda)

Au-devant
La flamme inextinguible
De l'esprit initié

Présage d'un serpent
Avide d'arômes humaines
Et patient

Sainte vie
Bougerons-nous à temps?
Calvaire de griffes, larmes et sang!

Terribles échos
D'enfants absolus
Au milieu des palais rutilants

Pérenne incandescence du sacrilège
Éventrer l'espérance
Abimer les plus pures offrandes

L'allégresse de mornes despotes

Vaine joie dissoute
L'odeur des souillures fardant le ciel
Temps des goules qui s'abreuvent
Aux mamelles damnant les nouveau-nés

Ombre de la vie
Remords asphyxiant
Agonie du désir

Le cœur miroir
Jeté à la rue
Piétiné et blessant

Petits pieds en quête de nulle part
Monde d'orphelins exilés de l'estime
Totalité rompue
L'univers s'échappe
L'enfant craint

Navigueras-tu au-delà des récifs
Amérique des bagnes au malin déni
Aux racines déchues aux ailes flambantes
Sanglots de ton agonie?

Il fuse des songes
Débordant des cieux illustres

Nous vivrons
Assoiffés de châtiments
Inondés de courroux la langue tranchante
Prêts à mordre le cou des tyrans

Faim d'abattre, amours accablants
Nous porterons le sabre affilé
Aux gorges incongrues des matamores
Khans de la tragédie

Aux bras à rompre qui étranglent
Ni servitude ni clémence

Eau couronnée des origines
Feu loyal père des cendres
Bienveillante terre de la constance
Ta mesure est honnête accouplée aux lueurs

Sereins au cœur du typhon
Statue de l'absence, buste de dolents despotes
Nous durerons abreuvés de vie fraiche

Absolution des ailes humbles
Que les vents emportent le souci
Renouvelons la cambrure de l'âme
Au cœur d'enfants enchantés et libres

Humaine source espèce prophétique
Par l'écoute nous sommes la voie

Où meurent les poissons
Trépassent les hommes
Affluent sans rivage
Mutation de l'idylle chrysalide
Il nait charmeur aux ailes délectables

Nous entendrons encore
Le grandiose corbeau de la nuit céleste
Professer la fortune de nos deuils

Incessante hérésie
De notre chemin vers la falaise
Mieux vaut gouter l'éveil
De s'offrir au temps

Gloire aux paroles d'envergure
Émiettant les pavés

Il est temps de déterrer
Tous les cadavres
D'apprendre de leur torture

28 mai 2012

Que de tous

Le combat en vaut la peine
Voix première
Posée à l'unisson

L'arrivée des canots du flot d'hiers
Seule direction certaine
L'au-delà de l'ample chute

Gamau des guerriers

27 juin 2012

Nipimanitu I

Amour

Pure beauté don entier
Lumineux désir vie grandiose
Le cœur assez grand pour vaincre

Murs misère
Absence vents maléfiques
Lointaine rive
Terre ferme humaine famille

Implacable destin du sacre

Humains aux paroles en rivières affluentes
Qui posent à l'océan
Regards éclos
Plénitude d'enlacer la fin

Jouir du bonheur de semer
Joie de vivre, équilibre du monde
Cohérence terrienne
Le génie de la rivière
Fredonne fabuleux

12 novembre 2012

Nipimanitu II

(À la mémoire de feu nukum
An Antane Kapesh)

Pour laisser naitre
Un cercle parfait
De clairvoyance

Fidélité à ce cœur qui bat
Entre les rochers
Les criques et les ravins

L'écho d'un monde complet
Le lac au pas d'huile
Ne remplace en rien le reflet

Fleurs de narcisse
Héritier du sol immanent
L'être de confiance se nourrit
Crucifiant au couteau les pantins

L'unique seul apporte
Goutte à goutte
L'esprit de l'eau

14 novembre 2012 (1)

Écume

Gloire du songe
Cristal l'âme dense à la lune
Sang de la grâce

Paroles vibrantes mères
Ultimes rectitudes, odes des au-delàs

Honnête temple rubis
Au fleuve le canot s'éloigne en rêvant
Vers la saine accalmie l'éveil
Fruit de courages immanents

14 novembre 2012 (2)

Circonstance

Esprit
Marée intérieure

17 décembre 2012

Chrysalide

Difformes pontifes
Au cou de serpent
Mortel venin

La lune
Annonce
Tous les corps

Le soleil
Précurseur fabuleux
Les enflamme

Au giron des stèles
Ludiques empreintes
Le flot cathartique éblouit

Centrale synergie
Qui récompense
Camarades et comparses

Les yeux dans les yeux
Le loyal inonde l'âme
Irrigue sa complétude

La matière s'abat
Dans les cendres et les poussières
Portant l'unique splendeur

Esprit nectar de joie
Abreuve la chrysalide

28 mars 2013

Coccinelle – Âme

Mortel
Délaisse les ancres
Qui t'astreignent

Que s'étanchent
Soucis et scrupules
Aux couleurs chatoyantes
Puis prodigues

L'écoute libère des sources
Qu'on chantait taries
Elles abreuvent désormais
Tous les passants
Pauvres et riches

Prochain
Soigne ton cœur
Des silhouettes qui l'accablent
Le mal fuit
La franchise purifie et libère
Porte tes plaies au jour nouveau
À la lune offre tes souhaits

Des vies antiques nourrissent
Celles qui les sondent
Au rêve honoré
Viendront gloires fécondes

Aumônes d'un feu bienfaiteur

Ami révère toute vie
Au grand soleil
Rends tes trésors
Larme peine et sang
Poussière et cendre

Ta mère garde le souvenir
L'âme éternise son envol
Par des élytres
Déliés des chairs

18 avril 2013

Partie II
Nipimanitu

Innommable I – Prestige

Éclipse
Brumes luxuriantes
Mots des vagues
Voluptés

Au-devant qui importe
L'offrande à la vue
De son propre deuil
À la stricte mesure

De ces pas
Messagers du courage pérenne
De l'habitude d'aimer
À bras-le-corps fierce flambée

Cet honneur d'embrasser
Cœur ouvert
Mystères dénudés
Évanouis aux vapeurs du jour

Notre éveil relâche
Chevaux de vertige
Agate éclat
La douce flamme
De l'eau limpide
Aux cris de ceux à naitre

Jouissances

Harmonie des défaites et des victoires
Jusqu'au premier matin
De levant le nom anobli
Parvenu des voix humbles
Sur la flasque des parfums
Sculptée en idiome des saints

Prestige à n'invoquer
En vain

6 septembre 2014

Les nectars II – L'amandier

Mon frère
Gardien du temple souple
Ton pas silencieux
Évoque la terre

Là où nos cœurs
Ont connu l'horizon
Où notre regard
Est familier de tout

Elle qui porte le canot
Vigueur éclatante
Chants nourriciers
Célébrations de se voir

D'un seul baiser

Nos bras émissaires d'offrandes
Aux jardins semée l'aube héroïque
Émergeant vouloir de poursuivre
Jusqu'au sens retrouvé

Des sources jaillissantes
Jusqu'au lac vrai
L'absence mère dissoute
Le silence magistral claironne

Son règne
Abyssale jouissance
Édits légendaires
L'appel irrésistible, soif céleste

Abdication aux voies lactées

Sérum de l'âme
Aux cieux prometteurs
Fleurs d'exil
Exquise fragrance amandée

28 octobre 2014

Missinaibi

Placide courant d'éloquence
Souffle du voyage
Sonorité du cénacle des formes
Onde aimée

Regard cuivré d'attention
Les traces effacées
Marches d'épines
Elles sont loin

Corps envouté
Gouteuses promesses
Dans l'attente langoureuse
Missinaibi

Aux bras du réconfort
D'une caresse
D'un lien aux étoiles
Qui scintillent

Humilité des cendres
Mur proie hautes sphères
Portes inédites
Poussières

Cantique des ruines

Constance Lake, 7 novembre 2014

Éclosions

Je t'ai vu
Voguant
Sur le grand cours
Porter les nobles chants

De l'ample mare
Nos os hissés
À la cime

Honorable don
Vaste vécu
L'héritier mûr ardemment cueilli
Porté aux semences
En guise de prosternation

Ô ! ordre faste du dévouement
Écueil des corsaires
Tranchée de bon conseil

Reine diurne

Fiancée libellule écarlate
Abbaye de magnificence
Aux âmes effarouchées

Marche certaine
Prélude aux sveltes énoncés
De vies entières
Enfin vécues

8 novembre 2014

Imploration

Suspendu
L'air hagard
Soul des bénéfices

Innocence
Le chant ancestral
M'a délivré

Rien ne sait être à part

Lueurs chants
Sereins hantés des terres
M'ont soufflé nu
Fils d'une vision
À l'embouchure
Du vaste souffle

Le monarque aux ailes choyées
Lancinantes, époque du sort
Versant nuit et jour
En lampées sournoises
Aux blêmes supplices de croire

Arabesque manoir de la lutte
Le pied chaussé d'ébène
Étreintes pleurs calomnie féroce
S'il en est d'avide déboire

L'enfance guidée maléfique
Laborieuse histoire du rire
Éphémère violette
Charmes éloquents

À l'honneur d'une voix vaillante
Apte à rompre l'érudit devenir
À coups de renoncements et de pierres
Sous la bougie consécrale
Fleurit

Homme imploré

10 novembre 2014

Pollens

Viral condor
Effacement des horizons
La voix karine
Énoncé des mers et des feux

Des roseaux lunatiques
Abris de quiétude
Au refuge estuaire de douceur
L'arcade libérée

Mon amour porteur du rêve
Jusqu'à la pluie délicate
Promesse d'une fleur
Aux fruits héroïques

11 novembre 2015

Lune

À l'entretemps
Portique du lien éthéré
De l'air gorges de bruine

Fiançailles de verts et de bleus
Licorne à stature irrémédiable
Venise svelte des rêves

Ô ! muse des cathares
Des contes amantes minutieuses
Et sereines

L'attention berge grave
Anastasia comblée
Des trésors purs

De la douce flamme

Sa peau porte le parfum
Des hauts armistices
Du souffle étonnant de vigueur

Ils verront la lune
Et vivront de son reflet

15 novembre 2015 (1)

Bienfaits
(À Lounès)

Claire émergence
L'allée enchanteresse
Éblouit nos venues

Où bat vibrant
Le cœur éperdu
De cette terre d'innocence

Sagesses

Son temps
Est celui des comètes

À rebours
De la voie lactée
Nubiles vérités
Sacres d'infinis

Le souffle inonde et assèche
L'univers même
À la longue vie
À ce qui verra
Le fruit
À ce qui a semé
Et les vœux jetés
En miettes aux vents furieux

Cendres de volontés fertiles

Génitrices de desseins
Nourricière et libre contrée
Patrie des chants et des danses

Gens du courage
Vrais

15 novembre 2015 (2)

Trésors – Le 8e feu

Joyau légendaire
Perdu aux confins
De l'immanente gorge

Quête sublime

D'un fruit pur
Capable de nourrir
L'être entier
De guérir les corps
Des passages éphémères

Un seul pas
Vers la mure forêt
Au sens assuré

Pays du souvenir
Stèle lumineuse
Beautés rituelles
Au temps du cœur
Résonnent danses et chants
Seul désir assouvi
À la joie de toutes nos peines

Langueur bucolique
Hémisphères joviaux
Un temps effondré
L'oiseau déployé savant
Depuis les astres initiatiques

Amour

De l'ample océan équivoque
Des ombres
Vertus de présages
Aux douces caresses bénéfiques
Des éclairs olympiens
Du tonnerre annonciateur

De l'effritement
De l'adorable
Constance

Vivante trouvaille

29 novembre 2014

Murissements
(À Pishimnapeo-Shams)

De ces airs
Que nous savons bourrasques magistrales
Nos ailes vertigineuses
Portent d'horizon en horizon
Nos desseins fragiles et beaux

Tendre mérite chant juste
À la brillance humble et rayonnante
Du don complet
Espoir d'anoblir

Au chagrin des peu nantis
Un soleil simple et soudain
La paume offerte céleste
Feu d'endurance
Au visage ébloui

Nature liberté jusqu'au trépas
Pente inouïe destin oblique
Il émerge vaillance sincère
Des eaux insondables et fatales

Son dos sculpté
Pour porter le monde à ses fins
Il voit venir plomber le jour
À ses pieds annonciateurs

De l'aube à l'aurore
Célébrons ces vies trépidantes
Et à la nuit nos songes
Connaitront leurs fruits inconçus

29 janvier 2015

Innommable II

Monts mystiques
Origine des torrents
Cimes annonciatrices
Âmes sœurs des au-delàs

Cieux délectables
Furieux désir d'ultimes promesses
D'affinités lumineuses
De vues au fond à jamais

À l'arrivée du périlleux voyage
Périple éphémère de pas incertains
Pèlerinage aux confins du charme
De vivre

Au seuil de l'être
Carapace du monde abstrait
Éclope de veloutés diurnes
Forge de monuments d'absence

L'espoir incendié
Aux buchers moroses

Nos ailes déployées
En l'honneur de cette terre aimée
D'Ancêtres dont les voix entament
L'hymne impérial

Du souffle gracieuse invasion

Fécond géniteur de l'éminent bénéfice
Arme des bons et des sages
Le baiser de l'abondance
Affame litigieux
L'abominable silence des mystères

Nous n'invoquerons plus
En vain
L'innommable bonté

10 février 2015

Les nectars III

Le ventre creux
L'épaule brisée
Les aveux clairs et honnêtes
En chants festifs d'espoir

D'une vue perforante
Cataclysmique
Sous l'édifice de tous les serments
Du monde

Offerts à l'enfant dans l'attente
D'un retour
Du chercheur égaré
Jusqu'au bout des jours

L'appel du tendre amour
Perdu à jamais
Loge proverbiale
Au fond d'une grotte de fortune
Survient au long des vrais silences

Voix inaudibles images bigarrées
Fruits de légendaires osmoses
Annonçant nuits d'éclairs

Ciel de certitude
En l'éphémère passage
De nos épiques douleurs
Vivre serein allongé
Au socle du diamant

Ancêtre à la voix chaleureuse
Réconfort de l'âme honorée
Sauve la prunelle gorgée
De nectars

17 février 2015

Clairvoyance

Le joyau perdu
Et retrouvé
For intérieur

L'âme qui rayonne en sourire
Flambeau hordes héroïques
Assiégeant colères et déceptions
Jusqu'au trône cœur du nouveau-né

L'ataraxie des spectres
Champs immobiles
Tu deviens et montres
L'étoile annoncée
Des récits diurnes

Pâle souvenir
Échoué
Au lit de l'abime

Feu cérémoniel
Surgissant
Au confluent des souhaits

23 février 2015

La grande émeute III

(À Leroy Little Bear)

Épars souvenirs d'hier
Terroir de la vacuité
Et d'outre-tombe

Linceul des futiles ébats
Aux absolutions aux terreaux
La forme des signes est éphémère

Lancinante contemplation
Champs pourpres

L'amertume appelle au remède
Impostures monts sévères
La lune danse aux cernes vermeils
Éblouie d'enfances

À la saison des bruines dissipées

Nous ne sommes plus imputables
Des charniers sculptés
Au sein de notre espoir
De ces mondes de reflets incertains

Le soleil grand-père des ombres
Illumine de son destin
Le soulèvement, tendres trèfles
Marguerites effrontées
Aux détours inconnus

Nuit de nos corps
Orages et éclairs
Fine glace

Miroir de nos choix

2 mars 2015

Kakatshu – Corbeau I

Il veille à la voix noble
Étendard
Paysage d'entre les apparences
Du lichen aux mélèzes

Vision acquise
Chant de nos songes unis
Gong de la ferveur
Notre vie cyclique

Hommage au silence névralgique
Souffle l'oiseau passeur
Il recueille la plume et l'astre
Les étoiles déployées

3 mars 2015

Joyaux I

(À nos sœurs disparues)

Le haut serpent
Anonyme et vengeur
Dont le nid colère
Inonde de venin

Doute des souvenirs
Arme à la main
Debout à l'éveil
Les corps devant, immobiles

Les nuits passèrent
Certaines aimées de lune
Du vent d'agrumes
À flanc d'âme

Mer adorable

Lamentations et cris
Le colosse aux pieds nus
Enfouit en succession
Le joyau des héritières

7 mars 2015

Immanente contrée
(À ma mère)

Il porte le combat
Seul anonyme déshérité
Le visage incrusté
Des salves immondes

Des chevaliers du néant
Icônes de cultes outranciers
Que les plus humbles
Bénissent de honte et de désarroi

Car au vivant souffle
Au moindre énoncé
Une joie première de ravissement
Fustige l'aride infamie

L'éloignement la fracture
L'hérésie de l'indifférence
Le regard détourné de nos cieux flambeaux
De notre terre mémoire des sources

Et de ce lieu divin
Silence d'offrande

D'être à l'âme
Le cœur en printemps
Joli bulbe ébahi
Premiers jets insondables

Doux éclairs
Libérante clarté magique
Pour nos yeux de désespoir
D'éternelles solitudes
En pays de non-sens

L'épinette blanche
Témoigne de notre montée fulgurante
À la mère des lieux
Parvenus à l'âge

Assoiffée brisée par tous les temps
Baillement des astres
Génisses sacrées et vivaces
À la veille de l'imminent corbeau

Nos amours inégaux
Alourdissent du firmament
L'immanente contrée

8 mars 2015 (1)

Tout près de nous

(À nos sœurs et frères réfugiés)

À la lune
Aux feux obscurs
Démons de l'homme

Fiancé des hautes chimères
Il s'engloutit
Fidèle des mers déchainées
Des tortures sordides
Des brumes que porte au loin
Le jour échevelé

Rescapé de temps si lointains
De l'entier appétit
De la faim et de la soif
Du désir d'attention
De la maladroite orfèvrerie
De nos guerres

Ultime au grand calvaire
La posture idéale de l'amour
À tes côtés camarade
Par-delà l'espiègle infortune
De colères rigides
De mots insensés
Nos âmes clôturées
Jappant à leur destin

N'y a-t-il point des songes
Libérateurs du son-puissance ?

À l'enfant chéri de lait
De hautes et dignes missions
Le venin mortel et sourd
De l'espace diène

Son chant de ferveurs récentes
De tulipes enchanteresses
En vol délectable
Aux miels sains

Mères des pensées

Esprit empereur du souhait
Et notre voix utile au bon
Du dessein propulsé
La langue des mesures
Et des choix

Au cœur poitrine de l'incantation
Avenant aux misères
Vision du lynx
Nos pas sacrant leur monture

Divination de gens à venir

8 mars 2015 (2)

Triomphe
(À Richard Desjardins)

L'horizon dénudé
Le cœur à vif
Mémoire vive des prunelles
Art d'aimer et de vaincre
Tous les néants

Vision azur écarlate
L'amour inondé
Tueries armistice progrès
Sans jamais conquérir l'insidieux
L'amalgame des traitrises

Écussons lumineux, royaumes volés
Accomplir enfin l'océan assuré

Cette voix aux sources infinies
Aux profondeurs telles
Que la mort offre un sourire tendre

Prince de tous les destins
Cénacle d'endurance
Aimante assemblée des possibles
Épiphanie de délires ardents

L'avancée des armées
Amies et hostiles
Porte à la fin des images affolantes

Malheur aux absents
Dont le tort a été de s'éloigner
D'oublier la main vivante
Qui les attend

17 mars 2015

Splendeur

À toi seule – calme baie
Voix soyeuse – brise du délire
Nos espoirs océaniques
Détroit et cieux veloutés

Immensité des éclairs
Rires printaniers
Jardins languissant de vivre
D'assouvir des soifs obscures

Infinies promesses de splendeur

21 mars 2015

Kakatshu – Corbeau II

Maitre du très-haut
Déployant ton spectre
Sépultures
Tout près de l'homme

Élevé majestueux
Pâle au crane diurne
Vivant d'immensité
Ta visite est l'annonce
De vastes joies

Étoile au vol seigneurial
Tu vois de la vie
Ce qui offre réconfort
Et longévité aux semences
Vives

23 mars 2015

Nipimanitu III

Ruissèlements

Nourrice des prunelles
Aux éloquentes merveilles
L'incommensurable rire
Des sages rivières

Esprit de l'eau

Voluptés grisées des hautes sagesses
Mère porteuse au sein gonflé
Nos offrandes délicates d'amour
Fuitent de nos mains abstinentes

Nid achevé de l'être

26 mars 2015 (1)

Gratitude

Sur l'âme
Aubes de tendresse
L'air velouté
De parfums floraux
Arôme de bonheurs aveugles
Intérieurs

Écho de fantasques édens
Nos corps offerts au temps précieux
Galaxies d'amour muries
Aux langueurs terrestres
Aux saisons

Du coquillage naquit
Vivace délivrance

Délectables pensées
Du jour nouveau
Des ravins de l'espoir déployé
Au vent – souffle
Dont les chants vibrants
De verve magistrale
Annoncent l'époque encore pudique
De gratitude, confiance donnée

Nous voici prêts à remettre
Seuls à la terre
Belle et fière en l'honneur du grand amour
Nos lambeaux de souhaits

Humbles invocations
Prières d'assouvir le destin marqué
D'ouverture

26 mars 2015 (2)

Magnificence

(À Natasha Kanapé Fontaine)

Oracle des pensées
Fleurs aux pétales d'ange
À l'horizon la mer montante

L'avide désir d'être
À la vie le trésor
Que la naissance porte

Des contrées invisibles
Fragiles, ailes de monarques
Aux dernières bordures à l'orée

Du monde des forêts élues
Le regard de cascades fertiles
Envergure assurance

Au nom des mystérieuses nuées
Que l'humble cœur embrasse
Une voie fine
Parsemée d'absence
Magnifiante

Génie des sibylles
Gloire annoncée
Fortune inédite

L'essor de l'esprit vivace
De la jonquille plantureuse
Amis des précoces rayons
Aux couleurs de la renaissance

Au bon retour
En terre connue
Habité des souvenirs
Ancêtres et peuples animés

Notre vie embrasse la moindre

1er avril 2015 (1)

L'orée

La voix sereine
Chants hérétiques
Sons épurés
Des sphères maudites

L'affaissement diurne
Incertain
L'amalgame chaotique des corps
Des vestiges

Sur les grèves lointaines

Nos pieds de mutants
Adorateurs du ciel d'espoir
Clair et calme

Le souffle d'universels souhaits
Irrigation de puissante trêve
Havre de semence rare

L'apogée de prières et de récoltes
Des clairières apaisantes
Où les enfants jouent

Vierges de la guerre
Aux visages lacérés
Immolations d'esprits phares

L'honnête a retrouvé ses saisons
L'aube de tous les bienfaits
Se pose à l'orée

1er avril 2015 (2)

Pénombres

Averses
Complainte longue
Transe léthargie

Voir ses camarades d'infortune
Mordre la poussière
N'être pour soi
Qu'ombre et oubli

Et se contraindre l'un et l'autre
Aux supplices des silences
Et des mots nés
Des entrailles du vide

Ocre chaleur
Clandestine
Des premières aubes

L'air beau et loyal
À la promesse de vivre
Le cœur battant sur la terre

Épiphanie
Fruits inédits
Gracieux leurres d'ardentes vesprées

Le ventre endolori et fécond
Jusqu'à la paix dans ses trésors
Reine érudite à l'éclair virulent

Pénombre sur les sérénades
De l'absence

10 avril 2015

Printemps

Ils s'en allèrent
Fils éperdus de l'absence
Nostalgiques des marées et des ports

Livides, bienfaits oubliés
Aux pâturages secs et lointains
Mirage de la mort abrupte

Les lilas de l'ombre
Chantent l'au-delà des couleurs

Le marcheur navré
Aux fontaines d'amertume

Les fruits croissent
En dépit des seuils
Fixés par les phares

La froidure passée

18 avril 2015

Partie III
Les corps célestes

Corps célestes

Festives vues
Verves loyales
Rayons chatoyants

L'âme ravie
Menée en gondoles lumineuses
À l'espoir même
À l'embrassade véridique

Ils se retrouvèrent
Au havre chaleur amicale

Toutes ces guerres
Livrées de voix chétive
De peuples éteints
Ouvrirent les veines du temps

Le robuste blizzard
Père pudique
Dont les chants polissent
L'esprit des chasseurs

Nomade cœur capitaine
Sur la mer infinie refuge
Les eaux de tous les siècles

Il reviendra à la paix

Dernière contemplatrice
Des marques
Portées aux corps célestes

Wivenhoe (Royaume-Uni), 28 avril 2015

Esh Shipu II
– La vie que nous mènerons

(À mes parents, Réal et Claude-Andrée)

La flamme altière au sommet espéré
Les nuits moribondes absences
Poids des astres ludiques
Vaillance épique des temps annoncés

Muette envie de cabrer l'échine
D'émettre en chants de résonance
L'apocalypse des choses vaines
Du rire mutilé
Du corps poussé
Geôle de misère

Le souffle chaud et lourd
Sculpte la mémoire fragile
De ce qui devait être oublié
Et les fantômes insomniaques
Raffolent des lueurs du doute

De l'angoisse des pénombres

Au moment où l'extérieur
N'est plus un refuge

✣

L'écho alors écorche le silence
L'ouïe délicate d'avoir connu la paix
Est balayée de vagues constantes
Qui effacent joies et peines

Seul le coquillage commémore
Le sort glorieux du monde

Nous nous voyons
Dérobés à la pierre
L'être béant
Nu incertain

Nous sommes éloignés
De ces rires abondance
Étreinte jusqu'au tarissement
Cette source de joie

Nos cœurs meurtris
Au sein des cités accablantes
Seuls les yeux fermés
Voient les contrées bucoliques

L'immanence triomphe
De l'avant, fort de nos peines
Épandre la soif éloquente
De dignité

Mais le courant emporte la feuille
Jusqu'où nul ne le sait
Fruits d'âme nostalgie prenante
Les possibles se déploient aisés

Le monde est projeté
À demain champs fertiles
De la terre émane frondeuse
La vie que nous mènerons

30 mai 2015

Bouquet mauve

Aube miels délectables
Lancinante brise

Peaux muettes et fébriles
Au large lancés les navires
En quête de mille naufrages

Les mers commémorent
À la mémoire limpide
L'affliction des départs et des guerres
L'être attaché aux ports lointains

À la ruine des vents épars
Et porteurs

Au silence dense des souvenirs
Charisme gracieux des sirènes
Écueil des solitudes premières
D'inouïs vestiges à l'eau pure et fraiche

Clair esprit qui garde
Sur nos tombes
Le récit de deuils inexacts
Vivide pommier de juin
Au pied de vétustes gloires
À fleurir jusqu'aux cœurs assoiffés

Fruits d'amours immédiats
Remarquable abondance

Éclats rires célestes
Appelant évocateurs
L'âme aux champs absolus

Rêve de bouquet mauve

8 juin 2015

Amours II

Indicible beauté

Ton éclat a franchi le mur
De l'intime secret
De la mort du mystère

Cette gloire ultime
Armature de grandeur
Que les siècles peinent à cueillir
Que ton sein vaste et bon
S'acharne à donner

Domaine de la volupté
Aux jouissances sans égal
Cépages géniteurs d'absolu
D'amours capables d'engendrer

Fines fleurs

9 juin 2015

Nipimanitu IV – Les trésors

Ce que je chantais
Au cœur de la nuit source
Ballades d'aventures
De terres si lointaines

Rêvées

Reine des hauts silences
Tes mains timides
Miment les vagues douces
Qui caressent les rives à jamais

Elle murmure la chance d'être
Trésor de notre emprise
Au sein du monde

10 juin 2015 (1)

Espoir

Aux foules bruyantes
Le frisson à part
Le lien à l'autel
Des fortunes à chérir

Les mains jointes
En hommage royaume
Origine des lueurs
Monument sculpté du temps

Stèle d'où l'on scrute
Vésuve intérieur
Les images absentes
De nos yeux qui s'ouvrent

La mort annoncée
Les saisons qui alternent
Notre souci de porter le feu
Jusqu'au relai

Où se féconde l'impondérable espoir

10 juin 2015 (2)

Offrandes

Las du vide
De l'absurde soupir
Nulle part

L'envie d'ailleurs infinis
Et l'avide désir du monde
Fier, à la vie franche

À l'abri nos âmes mutilées
De leurs corps
S'animent aux premières flammes

Nuance
Splendeur cristalline
Offrandes aux soleils

11 juin 2015

Oracle

Sanctuaire
Sommet
La vue imprenable
Comble, vallée fertile

Nourricière

De ces corps brillants d'unité
La main nue
Le cœur limpide et doux

Au vent léger
Éclaircie
D'entre les fresques du temps

Laborieuse

14 juin 2015

Fruits

(À notre arrière-grand-mère au nom effacé,
« Marie Sauvage »)

Brillance des eaux
Veine ruisselante
Dessein

Framboise écarlate gout de clarté
Spasme onirique au fleuve délicat
Reflet des étoiles pudiques
Aux yeux meurtris

Les paumes blessées de scrupules

Au parfum mystérieux
L'inconnue douceur du miel
De la patience

Laborieuse enfant aux ronces cruelles
L'avenir épuré des charges épiques
Chantage, destin
Larmes éhontées, puisard du cœur

Le corps entier en louange
Embrasse regrets
Restes de joie
Dames des lieux fidèles

La main assez sage
Pour porter à la bouche
Les rivières avides
D'épancher gorges chétives

De tous les horizons
La prose maudite
Écrite du sang de ceux à naitre
S'éteint fanée
Enfantant
L'amour de la terre

Terroir
Spectre du temps
Fantôme louve éperdue

L'ours marche
À la terre
Pour que nous guérissions

Ample amour

16 juin 2015

Solstice – Les muguets

(À Joséphine Bacon)

Messie d'infortune
Ton cri sourd
A-t-il vaincu l'enfer?

Hyènes assassines
Affamées, gloires cruelles
Sang du jour, agonie

Lent labour, présage

Les rayons ornent le levant
De poussières et d'espoir
Assignées sont les sphères
Dans cette nuitée aux tambours

À l'arme jetée aux calendes
La guérison dans la peau
De la belle harmonie

Au visage souverain
De délices assurés
Les flambeaux éteints

Le deuil inassouvi

Emporte à l'oubli
Déchirures esclaves
Rivages imaginaires

Solide port de nos luttes

Gracieux orgueil résistance
À l'envie, vides fictions
Poignard au cœur juste

Âme fugueuse
Confluences
Pours, vastes cycles

L'avenir aux baumes ravissants
S'est éteint avec le ciel et ses étoiles

Sourds enfers aux bêtes féroces
À l'inconnu grouillant
Sur les avenues et les marges

La route opposée alternante
Les regards avides s'y mirent
Apôtres du siècle ultime
Vos envies ont perdu le gout du jour

Brulure de s'offrir
Alerte aux tranchées
Des êtres notoires s'élevèrent, consternés
Aux cieux

Nulle misère n'a su se concevoir
Dans la gratitude de l'aube triomphante
Au jardin secret de vivre aimé

À l'arrivée des hordes chantantes
Dont les danses astrales
Portent le rythme jusqu'au son
De nos cœurs libérés

Otages de geôles diurnes
Aux montages façonnés
De célèbres maitres urbains

L'armistice épand la franchise
Aux fleurs éclatantes
Jusqu'à nos amours apeurés

Amnistie des fausses guerres
Des malentendus
Aux soldats en larmes
Au dernier orphelin somnolant
Aux mères du désespoir

La vie ne cesse son procès

Vues laconiques des plaines fantasques
Canaux abondants aux baies amicales
Lisses étangs des forêts du solstice
L'avancée des forces fières

Au matin digne
À la mémoire galactique
Nos pas menus
Soucieux du démiurge
À l'origine immense
Dont l'esprit tressaille toujours

Submergé de mystère
La voix qui se lève
Pour maudire à jamais
Les ogres antiques, morsures cruelles

Jusqu'au présent
Où les barges anciennes
Préparent leur dernier transport
Sur la berge nos pieds discrets
Embrassent la peau soyeuse
De la terre

Fronde élégante intérieure
Vaine frontière connue
Des déserts d'infini
L'océan absolu

Le théâtre de l'univers
Livre sa magie
Aux enfants dont les muguets éclatants
Embaument les derniers corps serviles

21 juin 2015

Makusham – Festin

Au large des iles vaines
Vents bourrasques trépas
Mille écueils vils
D'orage et de peine

À ce feu des jardins assouvis
La lune étonnante afflige
En brulures d'épouvante
La peau fragile du cœur

Effigie des départs fébriles
Tambours aux battures
Voix qui fixe à l'infini
L'espace d'où s'infiltre le jour
D'où l'air vital fusion
Rassasie l'intérieur criard

Inévitable retour
Force constance
Lilas irradiant
Vaste champs de vœux

À la récolte viendront
Peuples des alentours
Appelés, venus des terres fécondes
Annonciateurs de siècles prospères

Éveils bourgeons
Promesses de libres contrées
Dont les charmes, reflets illustres
Éclosent aux profondeurs insondables

Succulent festin

22 juin 2015

Oasis

Fêtes foraines
Doux blanc velouté
Des lunatiques

Légende mystique
De contrées aux terreaux ocres
Le gout fabuleux
Des vertes constances
Des jaunes éclats

Les achigans se fascinent
À la rive plombée
Cristalline

Et des cris obligeants terrassent
Le paisible gout de vivre
Reine elle s'exalte
Effusion magnétique
Prison des choses

Le mont du haut calvaire
Bordé de forêts venteuses
Accueille les pèlerins
Au célèbre oasis

Noble remède

11 juillet 2015

Fleurs

(À Vladimir et Margot)

La vue sensible
Délicate
Portée aux fresques magistrales
Du ruissèlement aux vallées secrètes

Océanes pensées de l'amour
Mille fleurs éparses
Lilas caressé de la brise
Généreux souffle de douceur

Glaïeul furtif baiser
Œil éclos
La mort éteinte au premier jour
De la volupté

Horizon lancinant et inachevé
Mains déliées
Pas certains d'ailleurs flambants
L'arrivée des voiliers

Aux capitaines épris
Des iles nocturnes
L'âme gonflée de vents insulaires
Jusqu'aux premières berges

Plage aux sables de perle
Cendre des anges désir
Rose effluve d'aube
Joyaux de jardins déçus

Baume à la colère altière
Chant sinistre du tombeau
Vierge don éclatant
De pétales immortels

Des lèvres pures
On te porte aux cœurs nobles
Beauté d'abime et de salut
Frêle marguerite

30 juillet 2015

Soleils

Échos délétères
Signaux
Des muses éprises du vent

Le siècle rompu
Le silence gisant aux berges
Bois de grève

L'Anse aux morts
Vide des mémoires
Que le vrai tourmente

Enfant de l'exil
Prodigue de l'intention pure
Noblesse
À la lumière l'acte porté

Embrasse les sens entiers
Des hauts cycles accomplis
De ces lieux aux sources valeureuses
Du soin, de l'âme au don vénéré

La flamme dansante qui rayonne
Généreux éclats offerts enfin
Qu'ils irriguent les vies

Humble la vision enceinte
D'être viable
À jamais invisible
Frère du jour

Le grand corbeau s'est montré
À l'homme aux paumes ouvertes
L'éminent pishim^{u} déployé

2 aout 2015

Notre foi

Les forces prenantes
Avides de songes clairs
Bruyantes et colorées
De cette eau fraiche
Pure d'avant la naissance

L'arbre des signifiants
Mobile de voix et de chants
Alerte d'images futiles
Au gout incertain
Au vide forteresse

Vertiges

Mystères de douceur
Cueillis aux plus hautes branches
Où la lumière chaude
A muri d'attentions saines
Fruits délectables

Nectars enchanteurs

Lune, rêves de marbre
Corps reflets invisibles
Pensées appelées à naitre
Créatures du possible pétries de soin

Pieux amours
Offrandes des mains humbles
Aux étoiles

Les géants moribonds
Gloussent et s'enivrent
Imbus de leur grisaille

Et le vent fin porte nos visions
De fleur en fleur
Guérissant ventres creux
Joug des temps

Âmes chétives
Unies au flot océan
Vivaces sources
Larmes d'émus hiboux
Notre foi légendaire
Porte à la vue

Vestiges d'absences

Mélodie diffuse
Fusant de l'antre
Les odes polymorphes
Comblent nos ouïes aux soifs brulantes

3 aout 2015

Sources

Élixirs de fièvre
Liqueurs des fées aux ailes fantasques
Ruissèlements d'éclaircies
Jusqu'aux confins lunatiques
D'entre les rocailles

Le calvaire éblouit

Valeur de mes peines
Fruit de sentir
Voix chaude et vierge
Larges calmes sereins
Nid du rêve

Festin des cœurs pillés
Âmes lumineuses
Joie de se voir
À l'eau miroitante des corps!

15 septembre 2015

Joyaux II

Prunelle éclair initiatique
La flamme inextinguible
Secret fabuleux
Abime les pourpres intuitions

Don de la vue
Vertigineux sommets
Aux nids des nobles guetteurs

Il devra vivre encore
Porteur du monde
De ses cris muets
En gouttes brulantes

Destin aux marques parfaites
On a prêté serment
Orfèvre minutieux
De combattre au-delà des cendres

28 septembre 2015

Fidèle

Nous demeurons entier
Dans le tumulte
Orages
Nuit forte
De l'absence

À l'aride besoin de l'autre
Jusqu'au désert
Des silences
Que les plus savantes caravanes
Humbles n'affrontent

Oasis, éclats de rire
Nous célébrons vainqueurs
Le retour
Des jours croissants
De l'espoir si longtemps dissimulé

Au pied des solstices fébriles

C'est le cœur généreux
Que nous pouvons retrouver
Le cours des voies subtiles
L'air parfumé de fruits
De promesses d'horizons gouteux

Les amitiés-baumes
L'ouïe fidèle
À la source
Des plus hauts mystères

26 décembre 2015

Ondée
(À nukum Azilda)

Les charmes d'Orphée
Ô ! doux sourire
Évocateur de lieux lointains
De pays aux territoires conquis
Depuis l'aube des temps
Par l'immense mystère du monde

D'où naquit éclat de baume
L'art accompli des vents sourds
Des marées fascinantes
De la force du jour
En sédiments

Aux mémoires intactes

L'eau lumineuse de désir et de joie
Féconde les berges du fleuve amertume
En promesse de vives récoltes
À l'abri des tourments

⁘

Chant écarlate !
Abreuve le désert du vide
De visages adorés
Irrigue plaine annoncée de la vie bonne
De mille dons
Ouïe héroïque, semences
Ouverture aux saints au-delà

Cœur soucieux fleurs du juste
Donnés aux bras brisés d'attente
Illuminent de nobles ombres
Au tréfonds de l'âme

Fins sublimes
Dissimulées
En des iles lointaines
Parsemées de trésors

Dulcinée aux lèvres fébriles
Majesté de tous, gaité
Fleurissement nectars délectables
Ondée du sacre

Sainte mère des nourrices
Perles de bonté
La gloire rayonne
Flot pur amour

5 janvier 2016

Printemps du don

Au-delà des vastes horizons
La vue seule accablée de mystère
Parois reluisantes
Reflets brulants
Fantasques paysages

Aux habitants légendaires
Le terreau a fait foi
Racine abreuvée d'absence
Plaines arides
Fécondes de mirage

Au brasier succombèrent
De peines inconsolables
Gloires et vues
Exil de l'humaine voix

Printemps du don
Nos mains mères d'espoir
Se déploient

28 mars 2016

Table des matières

www.ingramcontent.com/pod-product-compliance
Ingram Content Group UK Ltd.
Pitfield, Milton Keynes, MK11 3LW, UK
UKHW022004190726
13853UKWH00004B/1722